개인도서확인

소유자	1795	조민근
006-01-05	2025년 02월 12일	

흔들리는 바람

박대우 시집

흔들리는 바람

ⓒ박대우
이 책에 실린 모든 내용의 권리는 저자의 소유이며,
허락을 구하지 않은 불법적인 복제 및 사용을 금합니다.

「이 도서의 국립중앙도서관 출판예정도서목록(CIP)은 서지정보유통지원시스템 홈페이지(http://seoji.nl.go.kr)와 국가자료공동목록시스템(http://www.nl.go.kr/kolisnet)에서 이용하실 수 있습니다.(CIP제어번호: CIP2018023546)」

스무 살 무렵부터, 독백처럼 내려놓기 시작한 일상들이 제법 두툼해졌습니다. 돌이켜보면, 지내 온 모든 것이 어수선하고 또 어설프기만 합니다. 그 부족함으로 살아왔음을 고백하고 드러내놓기가 여간 곤혹스럽기도 합니다.

그럼에도 불구하고 스무 살, 서른 살, 마흔 살, 쉰 살의 기억들이 하나 둘 희미해져가는 허망함에야 맞댈 수 있을까 싶어 한 권의 시집이 만들어 졌습니다.

솔직히 마음 한구석에는 시를 쓴다는 것에 대한 부끄러움과 막연한 두려움도 만만치 않습니다. 한편으로는 일상의 모든 것들과 그 힘겨움을 어깨에 얹고 살아가는 사람들에 대한 존경과 사랑으로 시를 쓰고 싶다는 욕심도 여전합니다.

아무리 노력해도 다가오지 않던 느낌들이 어느 순간 새털처럼 가벼이 내 안에 들어설 때가 있습니다. 그럴 때마다 "어쩌면 나는…"

좋은 곳에서 지켜보고 계실 어머니, 아버지, 그리고 둘째 누님에게 그리움과 감사의 마음 전합니다.

2018년 8월
박 대 우

차례

소망 … 13
그대에게 가는 길 … 14
일상 속에서 … 15
내일의 작은 계획 … 16
군인(軍人)의 어머니 … 17
1988, 어느날 … 18
1989, 어느날 … 19
겨울의 끝 … 20
떠나는 겨울 … 21
슬픔 … 22
진달래가 피었다 … 23
우산 … 24
비 … 25
산으로 간 소녀 … 26
의미 … 27
망월에서 … 28

어느 회상 … 33
가을단풍 … 34
낙엽 … 35
흔들리는 바람 … 36
남산리에서 … 38
쉬운 행복 … 39
겨울에 비 … 40
쥐불과 사내 … 41
초 하나 켜 있는 시간 … 42
가난 … 43
고향에서 … 44

독백 … 47
별이 없는 밤 … 48
이제는 … 49
오후 … 50

봄날 … 51
후배에게(1) … 52
후배에게(2) … 53
바람부는 날 … 54
흐르는 강물처럼 … 55
단지 꿈이었다고 … 56
이별아픔(1) … 57
이별아픔(2) … 58
이별아픔(3) … 59
이별아픔(4) … 62
못 … 65

어색한 해후 … 69
돌아오는 길 … 70
외로운 날에 … 71
예감 … 72
떠나는 모습 … 73

지금 … 74
우는 밤 … 75
바람 … 76
하루, 그 가벼운 절망 … 77
이별 또한 아름다움인 것을 … 78
스물 셋의 회상 … 80
송년의 시간 … 81
바다 … 82

아름다운 사람들 … 85
여인에게 … 86
오늘 … 87
참회하는 시간 … 88
체념 … 89
습작의 꿈 … 90
시(詩) 시장에서 … 91
추억 … 92
대화 … 93
기다림이 목적하는 만남 … 94

소 망

가슴 하나,
슬픔의 끝은 슬픔으로 얼룩져 남고
여울진 기쁨의 흔적이 여태껏 있는
가슴 하나만은 절대로 지키고 싶다.
느낌에 허기져 있지 않는 가슴,

그것 하나
내 안에 두고 싶다.

그대에게 가는 길

그대를 만나러
동으로 누운 갈밭을 헤치며 간다.
몇 몇 일어서는 반란은
저물녘 바람으로 흔적없이 꺽이고
갈대가 머리를 둔
그대있는 곳으로 간다.

이곳에 있고부터
모두가 생소한 그대앞에 서면
바람으로 야위어가는 그대를 마주하면
나는 버선발로 뛰노는 무당이 된다.
무릎깨진 아픔을 어루만지던
어릴적 그대의 손길로
쓰러지는 갈대가 된다.
석고처럼 웃음하는 그대를 두고
죽어라 울기만 하는
눈물이 된다.

일상속에서

뒤틀리는 복통을 참아내 듯
입술 깨물며 살아도
들춰 본 하루의 무게는
놀랍게도 가볍다

어디를 향해 서 있어야 하나

자주 내가 아닌 모습으로의 못된
망상들조차 아름답기만 하고
묘수를 찾듯
기웃거리는 야윈 절망
어둠에 서 있기가 오래일수록
만만치 않게 달라붙는
살아왔음의 심한 자책

익숙함으로 더듬어 만져지는
꺼칠한 기억이여

내일의 작은 계획

내일은 면도를 하리라
조금이라도 외로움을 깎아 내어
거울속에 웃는 얼굴을 하리라
아무리 어찌 어찌해도
사랑은 늘 나에게서 멀리 있고
그러므로 인해 나는
쉽게 바람에도 취하곤 했다

내일은 면도를 하리라
단 한 겹의 울었던 흔적도 깎아내고
도랑을 흐르는 물이라해도 마주치면
가볍게 웃어 주리라
오랜 어둠에서 뒤척이다
부시시 일어난 티를 지우기 위해

약 삼십분 정도 내일은
면도로 환해지리라

군인(軍人)의 어머니

껌 한 통 건네주며 내 손을 덥석
잡았다

"모다 내 자식 같어. 우리 막내도 군(軍)에 갔는디
어찌 건강헌지 몰라 —
엊그제 편지가 왔드만.
제대하면 효도할거라고 적었는디 —"

한참을 우셨다

"자식은 말이여
우는 재미로 키우는 건지도 모르겄어"

그 눈 속에 넘쳐 나는 뜨건 사랑이여

1988, 어느날

종일 슬픈 생각들만
조각처럼 새겨져 있다.
문득 주워지는 말 한마디
막연하게나마 살아가야 한다는……

날이 어두워 진다.

1989, 어느날

연천리를 떠난 버스가
두 번 섰을 때
올라서는 아저씨 두 분.
검게 그을린 얼굴에 거친 손등이
가슴 시립다.

형님도 어지간히 무던허요 / 내가 어쩔 것인가 /
그래도 그렇지라우 / 시방 아그들이 부모를 알기나
허간디 / 하긴 부모죄는 낳고 기른 죄랍디다 /
대학이 사람하나 망친 꼴이제 / 근디 언제나
나온다요 / 집시법이라드만. 일년도 넘은가벼 /
뭔 놈의 징역을 그렇게 오래 살린다요 ! /
자네도 가보면 알겠지만, 얼굴이 말이 아녀 /
그렇겠지라우, 뭔 놈의 세상인지 원 / 자식 탓만도
아닌겨 /

두 분은 광주교도소 앞에서
내렸다.

겨울의 끝

겨울 내내
그리워하던 것들이
이제 바람으로 오는구나
하나 빠짐없이
가득 가득 바람으로 부는구나

용케도 견디어 낸 시린 날들이
훌훌 털고 일어나
아까부터 그렇게 나를 스치고
가벼이도 가는구나

떠나는 겨울

지서 앞 오래 살아온 참나무를 본다
새순이 돋기 전에는
기어이 떨어지지 않는다던 참나무 잎이
오늘
세찬 바람에 떨어지고 있다
겨울이 떠나는가
밤새 강물을 얼리며 외로워하던 겨울이
마땅한 흔적도 없이 풀리는가
시작 모를 바람이 온 산을
이리저리 헤치며 불어가고
그 바람에 묻혀
잠깐의 눈인사도 없이
겨울은 떠나는가
떠나고 난 뒤
잎새를 떨구어 보낸 참나무만이
빈가지로 휘청이며 울음을 울고
꼬마들이 두고 간 아쉬움

방패연 두 개가 가지 끝에 걸려 있다

슬 픔

젖은 땅
진달래 붉음의 슬픔같은
봄비가 머물러 있다.

무너져 내리는 이유를 알 수 없어
나도 이렇게 젖은 채 서성이고
좀처럼 푸르지 않는 하늘이
아까보다 낮아져 있다.

잠시 동안의 비 그침으로
어설프게나마 고개를 들어
부딪히는 바람을 본다.

아! 또 다시 비 내림.

진달래가 피었다

어생이 중턱을 오르다가
잎떨군 참나무 옆 진달래 꽃을 보았다
어느새 피어 났구나
홀린 듯 다가가
손 못대고 바라만 본다
나보라고 피어나진 않았겠지만
어찌 이리도 가슴이 뜨거워
탁탁 소리내며 혈관이 타오르고
거짓말처럼 금새
눈물이 난다

우 산

장마가 끝난
그 뒤의 눈부심.
구석에 웅크린 우산이
외롭습니다.

비

느닷없는 빗속에
왔던 길을 잃어 버렸습니다.
한 뼘 남짓 기웃거린 처마 밑.
축축한 벽에 등을 대고 서 있으면
또 그리움에
가슴이 젖어 듭니다.

산으로 간 소녀

비가 내리고
네 오빠는 젖은 군복으로
첫 휴가를 나왔다.
그리고, 그 날
너는 산으로 갔다.

자그마한 나무 상자에
반듯이 누운 너는
오빠의 부름에도
엄마의 어루만짐에도
수줍은 듯 눈 감고 있었다.

빈 지게에 눈물을 담고
산에서 내려온 네 아빠는
- 혼자 있기 심심할 것인디 -
젖어버린 담배를 꺼내 물었다.

그렇게도 보고 싶다던
네 오빠의 첫 휴가.
그 날 너는
산에서 잠을 잤다.

의 미

슬픔이라 여기며 떠나보낸
모든 것들의
어느날 부질없음.
그리하여
나 조차도 부질없음.

망월에서

"사랑은 그렇게 오더니
또 그렇게 가더이다"
낡은 수첩 한 구석 아픈 독백으로
이별을 대신하고.

밉더이다.
참으로 밉더이다.

아픈 세월은 가슴에 자라
숨조차 가눌 수 없는 그리움으로 자라
차라리 곁에 눕고만 싶었다.

그리 말하면 안된다.
이제는 잊으라, 그만은 지우라 얘기하면.
봄 날의 바람처럼
아픔으로만, 아픔으로만 불어오는 기억을
이제는 그만 내려놓으라 얘기하면 못쓴다.

어차피
우리는 만난다.

어차피 우리는 꿈꾸듯 이쁘게 만난다.

질긴, 이토록 질긴 그리움을
쉬이 흙 속에 묻어버릴 수 있겠나
묻어도 묻어도
안된다.
모진 그리움이다. 환장 할 그리움이다.

어느 회상

잊혀진 게 아니라네
과거가 된 것 뿐이고
이미 지나가 버렸다는 게 가장 큰 위안이라네
지금으로 돌이켜 보기까지
꼬박 4년이 걸렸다네.

그땐 정말 미칠것만 같았네.
내 몸뚱이 하나 누일 곳이 없는
허허벌판에 버려진것만 같았지.
시골에 내려가
실성한 듯이 괭이질도 해보고
그러다 지쳐 악을 써대며 울기도 했다네.

사람을 가장 추하게 만드는 게
외로움이라는 걸 그때 알았네.
남들이 백날 뭐라고 해도
세상에 못할 짓이 이별이데.

가을 단풍

어둠이 지워질때까지
바람에 흔들리던 불면.
아침에, 젖어있음을 본다.
참말 곱게도 울었구나

이루지 못한 사랑이
가슴엔 눈물같은 꽃으로 핀다더니
슬프게도 이쁘구나

웃으며 떠나보낸 허망함이
가을에야 소리내어 운다더니
밤새, 바람으로 아팠구나

누가
널더러 떨어지라 하드냐.

낙 엽

겨울을 향한 몸부림.
시린 바람에 안겨
낙엽이
떨어집니다.

흔들리는 바람

그토록 아름답던 우리의 기억이
지금은 눈물로 흐르고
당신을 위해 접어 둔
레인 코-트 위에는
이별의 세월만큼 내려 앉은 먼지가
침묵으로만 누워 있습니다.

우리의 이별
내가 지닌 변명같은 그리움.

우습게도 보내지 못한 편지만 수북이 더해지고
오늘도 어김없이 적고 있는 부끄러운 고백
- 당신은 더없는 아름다움이었습니다.

당신에게도 비는 내리고
우리의 사랑했음이 머무르는
부질없는 행복을 지울 수가 없습니다.

내가 사랑했던 당신만큼
우리의 사랑했음을 그리워하는

부질없는 슬픔을 버릴 수가 없습니다.

그것으로도 위안받지 못해 하늘을 보면
비를 적시며 불어가는 바람,
흔들리며 흔들리며 불어가는
당신닮은 아픈 바람.

남산리에서

가을걷이로 텅 빈 들판에 선다

얼마나 아팠으랴
하루하루
속 깊은 사랑으로 보듬어 키운
모든 것들을 내어주고

얼마나 허망했으랴
베어지고 파헤쳐진 그리움들이
물 다르고 바람 낯선 남산리 들판에 드러눕고

우두커니 나는 서있다

쉬운 행복

아픔을 느낀다거나
눈물을 흘리거나
그 외 어떠한 것들도 행복하다.

살아있다는 것이 그렇다.

한가닥 실타래 같은 바람이거나
눈물빛 하늘의 가슴시림이거나
그 외 어떠한 것들도 기쁨이다.

살아간다는 것으로 느끼는 기쁨.

살아있고 싶다.

그것이 아름다움이다.

겨울에 비

초연하게 겨울을 버티고 선 모든 것들은
어두워지면서부터 줄곧 비에 젖고 있다
방 안에 누운 나도 젖어
쉽게도 기억 하나 끄집어 낸다
비를 탓해야 하나
이 가슴저림을 말이다
오래오래 소리내어 우는 빗소리 때문이더냐
내내 못잊어하다
오늘은 미치겠음으로 망각을 찢어대는
이 불면까지 말이다
견고하게 귀를 막아도 들린다
도리가 없지. 될 수 있으면 크게
오냐 그래 난 널 사랑한다
조금도 후련하지 않아 겨얼국에는
비웃어주듯 더 시끄럽게 운다

쥐불과 사내

떠들어대는 소란스러움.

엷은 연기가 겨울하늘에 스며 들고
아이들의 쥐불은 금새 번졌다.
그침없이 타가는 쥐불을 보며
좋아라 소리치는 아이들을 보며
붕괴되어버린 순수로 사내가 운다.

줄 수 있는 아무것도
받아야 할 것들만 한가슴 파묻혀
말라버린 사루비아 겨울속으로 사내는
돌아가고,
따스한 쥐불로 눈을 감는 들판 가득
시린 햇살이 쌓여가고 있다.

초 하나 켜 있는 시간

초 하나 밝혀두고 시간을 태웁니다.
기이하게도 고인 촛농이
심지를 기어 올라 불꽃으로 변하는 게 눈에 보여
가만히 손을 내밀면
검은 뜨거움이 문신처럼 달라붙습니다.
벽을 향해 손가락을 접었다 구부려보고
그 중 실감있는 개를 꾸며보지만
아무래도 늑대같은 느낌에 그만 둡니다.
불 밝히기 전보다
몇 배는 더 외로워집니다.
허물어지듯 낮아지는 초 하나
엷은 호흡 -
졸리워 휘청대는 불빛 주위에 마른 어둠이
부스러기처럼 떨구어 집니다.

가 난

- 아저씨, 내 가난이 깊어졌어요. -
가난도 깊어지는 갑다.

고향에서

내 안에서 말라가는 기억을
도리없이 꺼내 매장하고 만다.
부끄러웁다.

독 백

빈혈같은 외로움.
돌아다보는 모든 것은 싸늘한 냉기로 있다.
홀로 숨쉬는 모습 하나
이것이길 애써왔던가
이것으로 끝마침하기 위해
오랜 아픔을 다독거리며 왔던가.

조심스레 이는 바람으로
휘 – 이 날아가
물기에 누운 각혈.
기억은
불꽃 대신 끄을음으로 기어 오른다.

별로 뚫려있는 어둠.
그림자없이 돌아와 눈물로 잠드는
이것으로 슬프기 위해 웃어 왔던가.

별이 없는 밤

오늘은 별이 없다.
두꺼운 어둠만이 바람에 흔들리고
벌겋게 충혈되어
허리를 굽히고 있는 가로등 몇 개,
그것은 별이 아니다.
시작되지 못하는 그리움을 두고
순전히 별없는 탓으로 고집하는 절망.
아침먹고 눈 감은 별들이
여태도 일어나지 않은 탓이다.
더러는 돌아오지 못한 별들 탓이다.
별없는 밤,
어둠속에서 내 그리움은 질식해 있다.

이제는

비내림이 떠나가고
물기없는 하늘가엔
눈 시린 꽃이 피어 있다.

굵게 흐르는 냇물
도랑으로 상처난 산
모든 것들은
본래의 모습을 챙겨가고 있다.

서둘러 불어오는 바람.

오 후

가렵나 보다.
뒷다리로 목덜미를 긁으면서
개 한 마리가 누워 있다.

봄 날

마땅히 갈 곳도 없이 허둥대는
이리 좋은 봄 날
길게 하늘을 보고 나서
흙 없는데에 앉는다
아무도 나일 수 없다면
아무없이도 나는
일어서서 가야 하는데

후배에게(1)

- 형은 사회를 배우지만
난 흙을 배우고 있어요 -
네 나이 스물 하나,
너의 곱절이 된다해도 난 부끄럽다.
다른 네 또래의 아이들은
너를 어떻게 얘기할까
- 가끔씩 친구들이 놀러 옵니다
그리고 그들이 떠나고 난 뒤에는
말할 수 없이 지쳐 있는 나를 보게 되죠
그럴때마다 날 일으켜 세우는 건
그 누구도 아닌 바로 흙이었어요 -
남아있는 비료를 옮겨 싣고 떠나는 너의모습.
너의 열곱이 된다해도
난 부끄럽다.

후배에게(2)

검붉게 불어난 장마비,
잃어버린 허탈로
녀석은 울고 있었습니다.

그 다음날,
자갈로 뒤덮인 논에서
삽질을 하고 있는 녀석을 보았습니다.
이번에는
내가 울었습니다.

바람 부는 날

지금 바람이 분다
엷은 바람에도 흔들리는 마음이
가끔 빗방울도 와닿는 바람에 형편없이 일렁인다
나도
저렇게 아름다운 바람이 되어
겨울이 머물렀던 들판이며
녹아버린 발자욱만 엉성하게 기억되는
냇가길 어둑한 곳이며
햇살이 숨어들던 곳까지 불어가고 싶다
불어가 누워야 할 어느 곳이든
미세한 아픔없이 드러누워
찢긴 내 몸을 거둬들이고 싶다

바람이고만 싶다
아무것 흔들지 않고도
가벼이 날아
망설여 했던 저어 먼데까지
체온 없이라도 불어가고 싶다

흐르는 강물처럼

보고 싶은 얼굴
돌아올 수 없는 사람아, 그리운 사람아

가슴에 크는
그리움 두고
불어오는 바람에 하늘을 본다

이렇게 생각해도 내가 걸어온 온 길
저렇게 생각해도 가야할 인생

슬프면 슬픈 대로 엎드려 울고
기쁘면 기쁜 대로 큰소리로 웃어보자

흐드러진 들꽃처럼
풀피리 가락처럼
그렇게 살아가자 흐르는 강물처럼

단지 꿈이었다고

꿈이었다 하자
어느 따스한 봄날에 산에 오른 소년이
여기저기 수없이 피어난 꽃을 보고
얼마나 좋아 뛰놀다가 잠시
나무에 등을 대고 잠든

꿈속에 보았던
신기할 만큼의 작은 섬과
그 섬을 가득 메운 축제의 노래소리
오래도록 타고 있었을법한 낡은 램프와
밑에 놓여진 수북한 안개꽃더미

너와 나의 만남은
차라리 꿈이었다 하자

이별아픔(1)

그렇게 떠나 버리고
이렇게 혼자 남아 있을 때면
무너진 가슴으로
마냥 울기만 한다.

이 별 아 픔 이다.

이별아픔(2)

어렵사리 발길을 돌려 놓은 뒤에도
눈길은 어쩔 수 없어
쉽게 떠나지 못했던 당신이
미웁기만 했습니다.

겨울 바람 속
있는 힘을 다해 주저 앉는 눈발들처럼
나도 그렇게 쓰러져
울어야만 했습니다.

사랑했음입니다.
그리워했음입니다.
죽도록 보내기 싫었음입니다.

당신의 모습을 잃어버린
저쪽 모퉁이 구부러진 도로가 자꾸만
흐려보이는 까닭에
오래 머물 수 없는 눈길을
기어이
데리고 돌아왔습니다.

이별아픔(3)

스물 셋의 나이로
이별을 한다는 건
아무래도 슬픈 일 인 것 같습니다.

차라리 영원한 이별이라면
또 모릅니다.
그리움과 더불어
체념도 자랄테니 말입니다.

긴 이별뒤에
짧은 만남.

스물 셋의 나이로
사랑을 한다는 건
아무래도 눈물 날 일입니다.
그리움을 지니는 아픔도 아픔이지만
어설프게 돌아서는
당신의 등뒤에 서 있기란
참으로 죽음만 같습니다.

조금만 사랑하고
조금만 보고 싶어하고
덜 울어야 할 것 같습니다.

스물 셋의 나이로
외로움을 이겨내기란
쉬운 일이 아닌 것 같습니다.
당신이 없음으로 인해
나 마저도 없음인
이 허망함을 어쩌지도 못합니다.

짧은 만남뒤에
긴 이별.

고개숙인 눈물 흐름으로
당신을 보냅니다.
하지만 웃어야 한다는걸 나는 압니다.
스물 셋의 나이로
슬프게 웃기가 너무 어렵습니다.

당신은 그치지 않는 비처럼
내 가슴에 머물러 있습니다.

스물 셋의 나이로
풀어 헤친 머리처럼 비가 내릴 때,
우산도 없이
혼자 걷는 다는게
아무래도 미칠 일입니다.
당신에게 그리움을 적기로 합니다.
한 구절을 적어가면
패인 가슴에 눈물이 고입니다.
맨 끄트머리에
- 당신을 사랑합니다. -
그리고
밑줄을 칩니다.

이별아픔(4)

헤어짐이 두려운 건 아니었습니다.
내가 이별을 지니듯
당신도 이별을 지니는
우리의 헤어짐이 두려운건 아니었습니다.

당신이 떠나고
내가 남아도
내가 남고
당신이 떠나도
서로가 홀로인 까닭이기도 했습니다.

때로는,
내 그리움보다도
당신의 외로움이 걱정되기도 했습니다.
그것으로 밤을 새워
울기만 했던 많은 날들.
내가 사랑했던 당신
어찌, 내 곁에만 머무르기를
욕심내지도 않았습니다.

사랑은
사랑한다는 것으로
의미를 다하고
나에게 주어지지 않는 것이라 해도
사랑은 뿌리를 내립니다.

이별또한
헤어진다는 슬픔외에
그리워 할 수 없는 고통까지도
남겨놓을 수는 없습니다.

당신과 내가
하나인 둘로 만날 수 없는
헤어짐이 두려운 건 아니었습니다.

진실로 두려운 것은
당신을 향해 일어서는 보고픔
이 고운 보고픔들을 내 스스로 지워야 한다는
나를 등진 현실이었습니다.

조금씩 조금씩 지워져 언젠가는
당신이 없을 잊혀짐.
그러다 문득,

머리카락 한 올 만큼 야위어진
당신의 모습이 떠오를 때
내가 지어야 할 허망한 웃음이
진실로 두렵기만 했습니다.

몫

그릇된 사랑은 있는 것일까?
어설프게 웃어지는 만남은
의미조차도 힘없는 것일까?
그렇다면
남겨진 기억은 누구의 몫일까?

어색한 해후

만나지 말았음 했는데,
너의 눈가에 머무는 슬픈 웃음 조차도
견디어 낼 재간이 없었다.

지난 세월을 외면하듯
너는 태연히 등을 돌리고
빈 하늘을 스쳐가는 바람만 세어보다
나는 쫓기듯 왔다.

철저한 망각이 아니고서는
널 만나지 말아야 한다.

돌아오는 길

이르게 피어있는 코스모스 신기함도
찌는듯한 무더위에 지워 집니다.

짤막한 그림자 하나
발목에 끌고
돌아오는 길은 바다가 없습니다.

무던히도 버티고 선 산위에
돌아가야 할 길은 아득합니다.

외로운 날에

익숙해지자
어찌 피할 수 있으랴

외로움은 운명이다

홀로 태어나
홀로 눈을 감아야 하는
누구에게나 주어진 삶이려니

온전히 내 것으로 안고
허공에 스미는 흔적 없는 바람처럼
그리 살다가자

외로움은 운명이다

예 감

숨 죽이고
당신을 기다리는 초조함이
왜 이리도 죄스러운지.

오래도록
죽음같은 시간이 흐르고
아직도 오지 않는 당신은
또 왜이리
불길한 슬픔입니까.

떠나는 모습

흐릿한 날,
그대는 떠나 갑니다.
비가 올 것 같은 축축함이 있어
그대를 위한 노래도 젖어 있습니다.
몇 송이의 꽃이
그대 앞에서 향기를 잃어가고
땅으로 누운 그대를 슬퍼하며 돌아 옵니다.
누구나, 그대 가는 길 가야됨을
누구나, 그대의 모습으로 떠나야 함을
흙으로 잠든 그대가 얘기합니다.
혈색없는 목소리로 얘기합니다.

그대 떠나는 날,
종일 해없는 하늘이었습니다.

지 금

위태로이 쌓아둔 망각이
쏟아지는 빗줄기에
서스럼없이 떠내려 가고 맙니다.

다시금 내 안에 자리잡는
이 아픈 통증.

우는 밤

지쳐있음을 고백하고
휑하니 구멍난 어둠이 싫어
그림자없는 곳으로만 골라서 왔다.
- 11시, 외로움 시작 -
겨를없이 쓰러지는 무기력.
내 스스로의 망각은 있을 수 없는 것일까?
별빛 하나 감추지 못한
어둠을 머리에 이고 운다.

바 람

등 뒤로 불어 오는
바람에 쓸려 돌아와 있다.
앞서가 흩어진 바람이 여기저기 묻어져
또 바람에 쓸려 낮게 불어가고
고개숙임 반(半)
하늘 보는 것 반(半)
그렇게 절반씩
젖어버린 보고픔을 앓으며 돌아왔다.

하루, 그 가벼운 절망

한 뼘 남짓 남아있는 하루
만만치 않은
일상의 무게를 잠시 내리고
불어오는 바람 사이사이 기억을 섞는다.

날카롭게 날이 선 매미의 고함에 찢긴
조각조각
그리움이, 아련함이
도로 곳곳에 걸터앉는다. 단단해진다.

이제는 일어나야지,
조금 전보다 두 세배는 무겁고 덩치가 커진
석양은 저리도 모질게 도시 끝으로 내달리는데

내 발걸음의 끝이 묘연하다.

이별 또한 아름다움인 것을

어느것 하나를 선택하는 사람도 있고
선택의 기회마저 없이 어느것 하나를
묵묵히 받아들여야 하는 사람도 있다.

마른 장작이 타는 아궁이,
쇠죽을 쑤다가 문득
한 사람이 그리워져 온다.
아, 그 겨울 내 손 끝에 닿았던
그리하여 심장의 파열음이 들려올 것만 같던.

도시의 그늘진 구석에 놓여진
한 웅큼의 눈도 아름다워했다 우린
몇 송이의 후레지아를 사 들고서
꽃의 나라에 온 것이라 했다 우린

기쁘고 행복할수록
왜그런지 쓸쓸함이 자라난다고 했다 너는
사랑하기 때문에 헤어지는 것이라고
진실한 사랑은 웃으며 돌아서는 용기라고 했다 너는
그토록 슬픈 웃음이었으면서도.

나는
몇 날을 손끝이 떨리고 하늘만 봐도 눈물이 났다

그것은 선택의 기회도 없이
오직 받아들여야 하는 아픔이었다.
시골에 내려 가기로 했다
잊기 위해서가 아니라
이해하기 위해서.

날이 저물면서
컴컴한 추위가 불기를 피해
등뒤에 모인다 내 사람아.
이제야 알 것 같구나
당신 안에 내가 있으면
역시 내 안에 당신이 있으리라던,
쇠죽이 끓는 소리를 나와 함께 듣고 있음을
이제야 느낄 것 같구나.

사랑은 내 안에 있을 뿐.

스물 셋의 회상

고집스럽게도 찬바람이 부는 날
가까이 사는 친구에게서
한 해의 끝자락을 담은 카드가
여윈 내 가슴에 내려 앉는다
바람이 일 듯
기억의 부유(浮游)
이리도 심란하게 살아왔구나
더해지는 세월만큼
그림자만 길게 길게 늘어나
처음 돌아가야 할 곳 조차도 어슴프레 하구나
이제는 하늘도 갖고 있질 않고
소망들이 빠져나간 표식처럼 남루하게
틈새들만 이곳저곳 많다

바람이 창에 맞아 되불어가고
펼쳐진 카드
한 컨에 놓여진 썰매는 아직도 세워져 있다
답신을 준비하는 손끝이
튀어 오르는 슬픔을 눌러 죽이고.

송년의 시간

휘청거리며 묻어두기엔
이 한 해
살아온 내 모습이 너무 남루하다
만취한 채로
차라리 게워버리고 싶었던 기억들조차
엄숙하게 다가와
송년의 밤은 한동안 초조하다
조심스럽게 아주 조심스럽게
"부족을 느끼며 사는 게 더 나은지도 몰라" 독백도
알약을 삼킨 후의 기다림처럼
맥없이 서성거린 기억이 아프다
어둠을 걷드래도
그림자가 나타나는 생이었음-.
아무것도 토닥이지 못하고
오늘 남긴 숙제도 크다

바 다

바람에 묻히는 통곡.
거칠게 밀려오는 몸짓으로
또 그렇게 밀려가며
바다는
울고 있었다.

그 속에 안겨 들어
잠들 수 만 있다면
바다는
그 기-인 울음을 멈추었으리라.

눈물 냄새가 났다.
그리고 흐느낌.
바로 앞에
눈 감은 내가 있었다.

아름다운 사람들

하루의 마지막으로 누워
그대들을 생각하면
그것이, 내겐 용기가 된다네
하루 잃은 지금에 와서도
그대들은 웃음이 된다네
바람에 뿌리내려 곳곳에 번진
꽃밭이 된다네
아무리 생각해도 아름다운 그대들은
물기없는 내 안을 쓰다듬는
비가 된다네
단비가 된다네

여인에게

날이 저물면 눈을 감는 여인아
조금 젖은 눈매가 고와
얼마나 깊은 그리움이었을까
또 밝아오면 그리로 가는
가벼운 걸음엔 꽃들도 많다
돌아오는 길일랑 고개를 저어
바빼도 아름다워지는
여인아
산으로 안기는 바람에도 얼굴을 붉혀
조심히도 외면하는 여인아
하늘을 보아 제일 예쁜 구름 한 점을
가슴에 담는
내 사랑하는 여인아

오 늘

미처 다하지 못한 모습들
이리도 많이 나에게 있어 오늘은
하루의 반을 내어 주면서도
모자란 듯 고개를 숙이는
그러면서도 사랑을 기다립니다.

어차피 인정해야 할 순수의 붕괴
확연히 침식된 이상(理想)
그러면서도 사랑을 기다립니다

하루의 반으로도 보상받지 못한 날들을
문드러진 사랑 하나로 메꾸기 위해
겨울 사루비아 손에 쥐고 갑니다

참회하는 시간

어디 저어 먼데라도 갔다온 기분이다
그렇게 고향에 돌아와
변해버린 동구의 풍경들이며
남아있지 않는 친구를 찾아 헤매는 심정이다
울고싶을땐 울어야 한다고
허름한 대폿집에서 누군가 그랬고
아무리 슬퍼도 참아야 한다고
쑥차를 앞에 두고 누군가는 말했다
옷을 벗는 기분으로
두눈을 딱감고 살아가기엔
하늘이 너무 멀다

체 념

얘기하지 않아도 안다.
네 안에서 쓰러져 가는
내 아픈 비명을
굳이 얘기할 필요는 없다.

그런 눈빛일 필요는 없다.
이제, 나에게 다가오는 아픔이
굳이 너의 요구일 필요는 없다.

떨어져 누운 새의 퍼득임이
죽음을 위한 거라면
내 마지막 한 마디가
변명이라 해도 좋다.

살아온 날들에 의해 상처받고
우리는 더 큰 상처로 위로하며 산다.

네 안에서 이미 지워버린
지금, 내 허물같은 모습 앞에서
굳이 차가운 미소일 필요는 없다.

습작의 꿈

어둠이 깊어지면 눈을 감아야 한다고
누군가 말했을 것이다
그 어둠에 잠들지 못한 사람은
시(詩)를 쓰기 위해 뒤척여야 한다고도
틀림없이 그랬을 것이다
밝은 대낮에 떠오르는 싯귀보다도
어두운데서 다가오는 느낌으로 시를 써야 한다고
아, 나는 시인이고파 잠들지 못한다
오래전 막연하게 시는 느낌의 언어화라 점찍고
그 후론 매일 밤을 새며
느낌을 살리려 했다
잠들지 않기 위해 시를 쓰고
시를 쓰기 위해 잠들지 않고 살았다
나는 시인이 되고 싶어 그랬다
만들어지는게 아님을
일년전에 알았으면
아니 그보다 훨씬 전에 알았으면.
이젠 버릇으로 밤을 살고 있다.

시(詩) 시장에서

시화전이라 적혀진 종이가
야무지게 달라 붙은 기둥을 지나
시(詩)들이 모여 있는 안으로 들어 갔습니다.

누군가의
한 구절 한 마디가 서로 엉켜
윤나는 액자안에 누워 있었습니다.

몇몇 사람이 걸음을 옮기며
하나하나에 시선을 주고
또 떼어 돌아 갔습니다.
나는 그들의 발길에 짓밟힌
흙묻은 시들을
담배갑에 넣어 왔습니다.

추 억

도시의 하늘
불빛의 난무
그 밑으로 사람들이 흐르고
묻어져 묻어져 떠나가는
당신과 나의 추억들.

지키고 서 있기가 어렵습니다.

대 화

겨울바다에 갔었어
또 한 번의 욕심이었구나
괴로운 것 같았어. 심하게 뒤틀리더군
보여졌을 따름이야
눅눅하게 취해서 돌아왔다
또 한 번의 확인이야, 그것도. 도리없는 셈이지
이제 열쇠를 찾아냈어. 문을 열거야
그리고 몽땅 쏟아버릴 거라고? 우습구나
난폭하게 결론하지마
너에게 필요한 건
....
알아차리지 못할 만큼의 철저한 패배였어
차라리 그랬더라면 좋았을텐데
미안하구나
뭐가?
내가 너무 멀리에 서 있잖아
누구나 마찬가지인데 뭘
그들은 등이라도 돌리고 있잖아
너도 그렇게 해.

기다림이 목적하는 만남

1
시간이 오래 흘러갔다
차츰, 기다림을 위한
턱없는 기다림이 되어진다
누군가의 싯귀처럼 되어서는
절대로 아니되겠다
기다림은 오직
만남을 위한 정성이어야겠다

2
내가 너일 수 없다면
너도 나이어서는 안된다
기다리고 있다

3
바람,
들릴 듯이 움직이는 초침
솔직하게 얘기하자면
올 것이라 여기면 기다릴 뿐
네가 오지 않는 다음에야

쓸모없는 시간죽임이다

4
나의 지루하고 미칠 것 같은
기다림은 너를 위한 것
너로 인해
내가 가져야 할 작은 희망이다
나타나다오. 나의 기다림을 위해
구제라도 하듯
저만치에 보여지는 기쁨을 다오.

흔들리는 바람

지은이   박대우

초판 1쇄 발행 2018년 8월

펴낸곳   지우씨앤씨
등록   제 2015-000002호
전남 담양군 금성면 금성공단길 21
T. 061-383-6655 F. 061-381-5999
namoo40@hanmail.net

ISBN   979-11-959875-1-1   03800
[책값은 뒤표지에 있습니다]